PARAMAHANSA YOGANANDA
(1893–1952)

Relația guru-discipol

de
Sri Mrinalini Mata

Seria „Cum-să-trăim"

DESPRE SERIA „CUM-SĂ-TRĂIM": Aceste cuvântări și eseuri neoficiale au fost publicate inițial de Self-Realization Fellowship în revista sa trimestrială, *Self-Realization*. Unele dintre ele au apărut de asemenea în antologiile și înregistrările audio produse de societate. Seria „Cum-să-trăim" a fost creată ca răspuns la solicitările cititorilor pentru broșuri de buzunar prezentând învățăturile lui Paramahansa Yogananda pe o multitudine de subiecte. Seria oferă îndrumarea lui Sri Yogananda și a unora dintre discipolii săi timpurii, călugări și maici aparținând Ordinului monastic Self-Realization Fellowship, dintre care mulți au avut privilegiul să primească îndrumarea și instruirea spirituală, pe o perioadă îndelungată, direct de la acest preaiubit învățător al omenirii. Titluri noi sunt adăugate periodic acestei serii.

Titlul original în limba engleză publicat de
Self-Realization Fellowship, Los Angeles (California):
The Guru-Disciple Relationship

ISBN: 978-0-87612-360-7

Tradus în limba română de Self-Realization Fellowship

Copyright © 2024 Self-Realization Fellowship

Toate drepturile rezervate. Cu excepția unor scurte citate în recenzii ale cărții, niciun fragment din cartea *Relația guru-discipol* (*The Guru-Disciple Relationship*) nu poate fi reprodus, păstrat, transmis sau expus sub nicio formă și prin niciun mijloc (electronic, mecanic, ori de altă natură) cunoscut în prezent sau conceput în viitor – incluzând fotocopierea, înregistrarea, sau orice alt sistem de stocare și căutare a informației – fără permisiunea scrisă prealabilă a Self-Realization Fellowship, 3880 San Rafael Avenue, Los Angeles, California 90065-3219, U.S.A.

 Autorizată de Consiliul pentru Publicații Internaționale al
SELF-REALIZATION FELLOWSHIP

Numele și emblema Self-Realization Fellowship (tipărită mai sus) apar pe toate cărțile, înregistrările și alte publicații ale SRF, asigurând cititorul că lucrarea respectivă provine de la societatea înființată de Paramahansa Yogananda și transmite cu acuratețe învățăturile acestuia.

Prima ediție în limba română, 2024
First edition in Romanian, 2024
Ediția de față 2024
This printing, 2024

ISBN: 978-1-68568-179-1

1297-J8098

— ✧ —

*Există o Putere care îți va lumina calea către
sănătate, fericire, pace și succes,
numai de te vei îndrepta spre acea Lumină.*

— Paramahansa Yogananda

— ✧ —

Relația guru-discipol

de Mrinalini Mata

O cuvântare ținută la Convocarea Aniversară de Aur a Self-Realization Fellowship în Los Angeles, la data de 7 iulie 1970

Dumnezeu ne-a trimis în această lume ca actori într-o piesă dramatică divină. Fiind imagini individualizate ale lui Dumnezeu Însuși, viețile noastre au un singur scop: să învățăm; iar prin învățăturile dobândite să ne dezvoltăm spiritual; iar printr-o dezvoltare continuă să ne exprimăm, în cele din urmă, adevărata natură și să ne reîntoarcem la starea noastră originară de uniune cu Dumnezeu.

Când, ca suflete fragede, ne începem aventura terestră ca suflete de prunci, primele învățăminte sunt căpătate din experiența încercărilor și a eșecurilor aferente. Acționăm, iar dacă acțiunea produce rezultate bune, o repetăm. Dar dacă rezultatul acțiunii este o experiență dureroasă, ne vom strădui s-o evităm pe viitor.

Următoarea etapă este cea în care învățăm din exemplul oferit de cei din jur. Observând comportamentul familiei noastre, a prietenilor și a membrilor comunității, beneficiem de pe urma analizei greșelilor precum și a succeselor lor.

Experiențele pe care le avem ne conduc mereu înainte spre a căuta o mai profundă înțelegere a existenței noastre pământești, până când, pentru fiecare dintre noi, va veni momentul să purcedem pe calea sincerei căutări a Adevărului. Omul a cărui conștiință a evoluat până la acest nivel, se întreabă: „Ce este viața?", „Ce sunt eu?", „De unde am venit?", iar Dumnezeu răspunde unui astfel de căutător aducându-i în preajmă un învățător sau scrieri religioase și filozofice care să-i satisfacă această incipientă sete de cunoaștere. Pe măsură ce căutătorul absoarbe din cunoștințele altora, puterea de înțelegere i se dezvoltă și creșterea spirituală îi este accelerată. El se apropie ceva mai mult de Adevăr sau Dumnezeu.

În cele din urmă, chiar și aceste cunoștințe devin nesatisfăcătoare, iar el începe să aspire către o realizare personală a Adevărului. Din adâncul sufletului răzbat gânduri precum: „În mod sigur această lume nu este sălașul meu! Cu siguranță nu sunt doar acest corp fizic; nu poate fi decât o colivie în care locuiesc temporar. Cu certitudine viața cuprinde ceva mai mult decât ceea ce percep acum prin simțuri, ceva ce există dincolo de mormânt. Am citit despre Adevăr; am auzit despre Adevăr. Acum trebuie să-L cunosc!"

Ca răspuns la arzătoarea implorare a copilului Său, în compasiunea Sa Dumnezeu îi trimite un învățător iluminat; unul care a realizat Sinele și cunoaște Sinele a fi Spirit – un guru adevărat. Viața unui asemenea adevărat guru este o expresie nedistorsionată a Divinității.

Definiția unui guru adevărat

Swami Shankara[1] a descris astfel gurul: „Nimic, în cele trei lumi, nu se poate compara cu un guru adevărat. Dacă

---

1 Cel mai mare filozof al Indiei. Reorganizator al străvechiului „Swami Order" (în secolul al optulea sau începutul secolului al nouălea, e.n.), Swami Shankara a personificat o rară combinație de sfânt, erudit și om de acțiune.

piatra filozofală este considerată cu adevărat existentă, ea poate transforma fierul doar în aur, dar nu și într-o altă piatră filozofală. În schimb, veneratul învățător creează egalitate cu el însuși în discipolul care caută refugiu la picioarele sale. Prin urmare gurul este fără pereche – ba nu, transcendental."

Paramahansa Yogananda, gurul-fondator al Self-Realization Fellowship, a afirmat: „Gurul este Dumnezeul trezit care îl trezește pe Dumnezeul adormit din discipol. Datorită unei viziuni pătrunzătoare și pline de compasiune, un guru adevărat îl vede pe Dumnezeu Însuși suferind în cei nevoiași pe plan fizic, mental și spiritual. De aceea el simte că e de datoria lui să îi ajute și o face cu mare bucurie. Gurul încearcă să-l hrănească pe Dumnezeul flămând din omul nevoiaș, să-l activeze pe Dumnezeul adormit din cel ignorant, să-l iubească pe Dumnezeul inconștient al dușmanului și să-l trezească pe Dumnezeul parțial conștient din devotul plin de ardoare. Printr-o inefabilă atingere încărcată de iubire, gurul îl trezește instantaneu pe Dumnezeul trezit aproape în totalitate din cautătorul avansat. Un guru, dintre toți oamenii, este cel mai darnic. Precum Domnul Însuși, generozitatea sa nu cunoaște limite."

Astfel a descris Paramahansa Yogananda nețărmurita înțelegere, nemărginita iubire și atotcuprinzătoarea și omniprezenta conștiință a unui guru adevărat. Acei *chelas* (discipoli) care au avut privilegiul să îl cunoască în persoană pe Paramahansaji[2], au remarcat că el a manifestat perfect toate aceste atribute.

Relația guru-discipol

Acest univers, creat de Dumnezeu, operează pe baza legii ordinii cosmice, iar relația guru-discipol își are rădăcina în această lege. Precum este prestabilit de la nivel divin, cel care îl caută pe Dumnezeu va ajunge să Îl cunoască prin intermediul unui guru adevărat. Atunci când un devot își dorește cu sinceritate să-l cunoască pe Dumnezeu, gurul care îi este predestinat își va face apariția. Numai acela care îl cunoaște pe Dumnezeu îi poate promite discipolului: „Îți voi face cunoștință cu El". Un guru adevărat și-a găsit deja calea spre Dumnezeu; în consecință, el poate să-i spună discipolului (*chela*): „Ia-mă de mână. Îți voi arăta calea".

Relația guru-discipol include elementele și principiile acțiunii corecte, pe care discipolul trebuie să le urmeze pentru a se pregăti să-l cunoască pe Dumnezeu. Când discipolul se perfecționează cu ajutorul gurului, legea divină este îndeplinită, iar gurul îi face cunoștință cu Dumnezeu.

Loialitatea față de guru și învățăturile sale

Principiul fundamental al legământului dintre guru și *chela* este loialitatea.

Autoimpunerea și conștiința micului „eu" sau egoul, este ceea ce ne ține la distanță față de Dumnezeu. Suprimă egoul

---

2 „Ji" este un sufix adăugat la nume și titluri în India, ca semn de respect.

și în acel moment vei realiza că ești, ai fost dintotdeauna și vei fi mereu în uniune cu Dumnezeu. Egoul este un nor de iluzie în jurul sufletului, învăluindu-i și dispersându-i conștiința pură cu nesfârșite concepții greșite despre natura sinelui și a lumii. Unul dintre efectele iluziei aferente egoului este nestatornicia. Pe măsură ce căutătorul Adevărului începe să manifeste atributele sufletului său de natură divină, el alungă această tendință de instabilitate a naturii umane și devine o persoană loială și plină de înțelegere.

Loialitatea față de guru reprezintă una din treptele cele mai importante ale vieții de discipol. Calitatea loialității majorității oamenilor față de propriile rude de sânge, soț, soție sau prieteni, este imperfectă. De aceea conceptul loialității față de guru nu este pe deplin înțeles. Pentru a fi un adevărat *chela*, discipolul trebuie să fie loial gurului trimis de Dumnezeu: el trebuie să practice învățăturile gurului său cu credință și concentrare.

Loialitatea nu înseamnă lipsă de orizont, îngustime. Inima care este loială Domnului și reprezentanților Săi este mărinimoasă, înțelegătoare și plină de compasiune către toate ființele. Rămânând în totalitate concentrat pe loialitate necondiționată îndreptată către propriul guru și învățăturile sale, un astfel de discipol percepe dintr-o perspectivă corectă toate celelalte manifestări ale Adevărului, acordându-le aprecierea și respectul cuvenit.

Paramahansaji a vorbit adesea despre acest subiect. El spunea: „Multe persoane se tem să nu devină obtuze înainte de a învăța să fie echilibrate. Căutătorii superficiali, în dorința de a fi percepuți ca persoane cu un orizont larg, absorb fără discriminare diferite idei fără a distila mai întâi lăuntric esența adevărului, prin realizare interioară. Rezultatul este o conștiință spirituală atenuată, lipsită de vlagă. Deși am o deosebită afecțiune pentru toate căile religioase veritabile și pentru toți învățătorii spirituali adevărați, este evident că loialitate mea este concentrată în întregime asupra căii și gurului meu."

„Toate căile religioase adevărate conduc la Dumnezeu", a spus el. „Caută până când găsești învățătura spirituală care-ți atrage și safisface în totalitate chemarea inimii; iar odată descoperită, nu mai lăsa nimic să-ți clintească vreodată loialitatea. Acordă toată atenția acelei căi. Concentrează-ți în întregime conștiința asupra ei și vei găsi rezultatele pe care le cauți."

Când vorbea despre loialitate, Gurudeva[3] Paramahansaji făcea uneori următoarea comparație: „Dacă ai o problemă de sănătate te duci la un doctor care, ca să-ți vindece afecțiunea, îți prescrie medicamente. Tu iei medicamentele acasă și le folosești în conformitate cu instrucțiunile doctorului. Atunci când prietenii vin să te viziteze și află despre natura maladiei tale, este posibil ca fiecare dintre ei să exclame ceva de genul: <<Oh, știu totul despre acea maladie! Trebuie neapărat să încerci cutare și cutare remediu.>> Dacă zece persoane îți dau zece remedii diferite iar tu le încerci pe toate, șansele

---

3 „Învățător divin"; terminologia tradițională sanscrită utilizată de discipol cu referire la maestrul său spiritual.

tale de vindecare sunt îndoielnice. Același principiu se află la baza importanței fidelității față de învățăturile gurului. Nu amestecați remediile sprituale."

Loialitatea divină necesită fuzionarea atenției dispersate, afecțiunii și a efortului, precum și concentrarea plenară a acestora asupra țelului spiritual. Discipolul loial străbate cu repeziciune calea spre Dumnezeu. Paramahansaji a articulat astfel rolul gurului: „Vă pot ajuta mai mult dacă nu vă diluați forțele. Rezonanța cu gurul se obține prin loialitate sută-la-sută față de el, de asociații și de activitățile sale; prin benevolă ascultare a îndrumărilor sale (a instrucțiunilor verbale sau scrise); prin vizualizarea gurului în ochiul spiritual; și prin devoțiune necondiționată... În sufletele celor care sunt în rezonanță cu el, gurul poate clădi un templu Domnului." Doar cu loialitate este credinciosul capabil să-și concentreze eficient eforturile asupra căutării lui Dumnezeu. Conștiința discipolului fidel devine magnetizată de iubirea divină și este irezistibil atrasă spre Dumnezeu.

Dând ascultare gurului vă dezvoltați puterea de discriminare

Un alt principiu fundamental al relației guru-discipol este cel al ascultării și supunerii față de îndrumarea primită de la guru. Pentru ce motiv a fost dată această poruncă divină? Este necesar ca omul să învețe mai întâi să dea ascultare unei înțelepciuni superioare, pentru ca apoi să poată depăși piatra de încercare a egoului și iluziile aferente, auto-create. De-a lungul a nenumărate reîncarnări în corp fizic – din perioada

în care făceam parte din categoria celor mai ignoranți oameni
– egoul și-a impus voința. Ne-a dictat comportamentul,
opiniile, atracțiile și aversiunile, prin intermediul emoțiilor
și a atașamentului față de cele cinci simțuri. Egoul înrobește
voința și încătușează conștiința întru identificare cu corpul
fizic și limitările lui. Stări sufletești oscilante, valuri de
emoții, atracții și repulsii mereu schimbătoare, toate acestea
răscolesc neîncetat conștiința umană cu fel de fel de sentimente
contradictorii. Ceva anume ce-i place omului astăzi poate
să-l afecteze în mod diferit în ziua următoare, iar el va
umbla după altceva. Această stare de conștiință fluctuantă
incapacitează abilitatea omului de a percepe Adevărul.

Pe durata uceniciei ca discipol, o cerință fundamentală
pentru *chela* este abilitatea de a-și pleca voința încă
nedisciplinată și capricioasă și a o subordona înțelepciunii
gurului – de a-și înduplica voința egocentrică să capituleze în
fața voinței divin ancorate a gurului. Discipolul care reușește
să o facă, zdrobește limitările și se eliberează de puternica
încleștare a egoului. Atunci când Paramahansaji a intrat ca
discipol în ashramul lui Swami Sri Yukteswar, Gurul său i-a
adus imediat la cunoștință următoarea cerință: „Permite-mi
să te disciplinez, deoarece libertatea voinței nu constă în a
face lucrurile în concordanță cu ordinele date de tendințele
prenatale și postnatale, sau de capriciile mentale, ci în a
acționa în consonanță cu sugestiile oferite de înțelepciune și
liber-arbitru. Dacă îți vei pune voința în rezonanță cu voința
mea, vei afla libertatea."

Cum poate discipolul să-și pună voința în rezonanță cu

voința gurului? Fiecare cale spirituală are propriile reguli, atât cele normative cât și cele prohibitive. *Sadhana* este termenul indian asociat acestei descrieri a disciplinei spirituale: „ce trebuie făcut și ce nu trebuie făcut", precum sunt definite de guru ca necesare unui *chela* pornit în căutarea lui Dumnezeu. Urmând aceste instrucțiuni cu sinceritate și pe cât mai bine cu putință, dovedind un comportament corect și depunând cu consecvență eforturi pentru a-l mulțumi pe guru, discipolul demolează fiecare barieră creată de ego între voința proprie și voința gurului exprimată prin intermediul învățăturilor sale pline de înțelepciune.

Dând ascultare gurului, discipolul începe să realizeze că astfel își eliberează gradat propria voință din sclavia creată de dorințe, obiceiuri și capricii egoiste. Iar mintea, cândva atât de agitată și nestatornică, încetează a mai fi împrăștiată și își dezvoltă capacitatea de concentrare. Odată îmbunătățită capacitatea de concentrare corectă a minții, începe să se intensifice claritatea câmpului mental al discipolului. Unul după altul sunt ridicate voalurile neclarităților și concepțiilor greșite. Erorile săvârșite în nenumărate acțiuni ce păreau odinioară îndreptățite, dar care au dus doar la suferință, sunt pe neașteptate dezvăluite de lumina strălucitoare a adevărului. Imediat, discipolul va *ști* ce este corect și ce este adevărat, devenind capabil să diferențieze între bine și rău. Paramahansaji ne-a învățat că cei cu un comportament călăuzit de discernământ fac lucrurile care trebuie făcute atunci când e necesar ca ele să fie făcute.

Pentru a avea succes pe calea spirituală, cel devotat lui

Dumnezeu trebuie să-şi dezvolte capacitatea discriminatorie; în caz contrar, instinctele, capriciile, obiceiurile şi tendinţele emoţionale din trecut – acumulate pe parcursul precedentelor încarnări – vor continua să-l inducă în eroare.

Atâta timp cât puterea de discernământ a discipolului nu este complet dezvoltată, singura sa speranţă de salvare este ascultarea şi supunerea faţă de îndrumarea oferită de guru. Ceea ce-l salvează pe *chela* este capacitatea de discriminare a gurului. Baghavad-Gita (IV:36) ne învaţă că luntrea înţelepciunii îl va trece în siguranţă chiar şi pe cel mai păcătos dintre noi peste oceanul de iluzie aferent existenţei umane. Urmând întocmai sadhana recomandată de guru, discipolul îşi construieşte propria luntre de înţelepciune, salvatoare.

Supunerea manifestată de discipol trebuie să fie sinceră şi din toată inima. Ar fi aberant să acordăm gurului doar o falsă devoţiune, în timp ce de fapt continuăm să ne comportăm precum ne dictează tendinţele distructive ale egoului. Cel ce practică impostura în eforturile sale pe calea spirituală, se amăgeşte pe sine însuşi şi este singurul păgubaş.

Acesta este sfatul dat de Gurudeva acelor *chelas* care au acceptat când le-a cerut permisiunea să îi disciplineze: „Rugaţi-vă mereu să-i mulţumiţi pe Dumnezeu şi pe guru în toate privinţele." Întreaga *sadhana* este cuprinsă în aceste cuvinte, însă a duce sfatul la îndeplinire nu este uşor. Pentru a mulţumi pe Domnul şi pe guru, este nevoie de mai mult decât recunoştinţă şi iubire pasivă pentru Dumnezeu, guru şi calea urmată. Chiar şi atunci când vine din adâncul inimii, această rugăciune nu este ea însăşi suficientă pentru a-l mulțumi pe Dumnezeu sau pe guru. Paramahansaji ne-a mărturisit adesea că nu-i plăcea să audă oamenii exclamând: „Slavă lui Dumnezeu! Laudă Domnului!" ca şi când El ar fi vreo doamnă răsfățată ce adoră să fie linguşită. Ne spunea: „Aşa ceva nu este pe placul lui Dumnezeu. El plânge după noi şi după toți copiii Lui pierduți şi suferinzi în întunericul iluziei." Dumnezeu şi gurul vor pentru noi doar binele suprem: eliberarea din această lume cu nestatornicia ei tulburătoare – sănătate şi boală, plăcere şi durere, fericire şi tristețe – şi aflarea refugiului în siguranța bucuriei mereu reînnoite a Spiritului imuabil.

În consecință, modalitatea prin care îi mulțumim pe Dumnezeu şi pe guru este comportamentul corect, dându-Le astfel posibilitatea să ne dăruiască mântuirea. Pe de altă parte, consecvența în exercitarea unui comportament corect este cu putință doar atunci când discipolul dă ascultare şi practică supunerea față de Dumnezeu prin intermediul reprezentantului Său, gurul.

Respect şi smerenie față de reprezentantul lui Dumnezeu

Pe altarele din templele Self-Realization Fellowship[4] sunt aşezate imaginile lui Isus Christos şi Bhagavan Krishna, ale

---

4 Ad litteram, „Societatea pentru Realizarea Sinelui". Paramahansa Yogananda a explicat că numele Self-Realization Fellowship înseamnă „Asocierea cu Dumnezeu prin realizarea Sinelui şi prietenia cu toate sufletele căutătoare de adevăr".

paramgurușilor noștri Mahavatar Babaji, Lahiri Mahasaya și Sri Yukteswar, precum și a gurului nostru, Paramahansa Yogananda. Astfel le acordăm reverența și devoțiunea cuvenită, ei fiind instrumentele prin care Dumnezeu a diseminat omenirii învățăturile Self-Realization Fellowship. Reverența este respect în forma sa superlativă, un alt aspect important al legii divine care îl călăuzește pe om către realizarea lui Dumnezeu prin intermediul relației guru-discipol.

Cât de puțin respect pentru Dumnezeu și oameni este arătat de ființele umane în ziua de astăzi! Mulți dintre tinerii din ziua de azi cu tulburări de comportament și-au pierdut respectul pentru înțelepciunea din străbuni și pentru ordinea socială, iar ca directă consecință, pentru ei înșiși. Când respectul de sine dispare, se instalează decadența. Adevăratul respect, atât pentru sine cât și pentru semeni, își are izvorul în înțelegerea profundă a originii divine a fiecăruia. Cel ce se cunoaște pe sine ca fiind Sinele, o scânteie individualizată din flacăra eternă a Spiritului, înțelege totodată că fiecare altă ființă umană este la rândul ei o expresie a Spiritului. Cu bucurie și evlavie, el se închină Unicului prezent în toți.

Prin cultivarea respectului pentru guru, recunoscut ca agent al lui Dumnezeu și pentru semenii noștri ca fiind imagini individualizate ale lui Dumnezeu, discipolul se ajută pe sine însuși să crească spiritual. Atitudinea respectuoasă față de guru duce la amplificarea receptivității față de Dumnezeu prin intermediul gurului, iar din această receptivitate se naște o înțelegere corectă a tot ceea ce este bun și nobil, care la rândul ei conduce la reverență pentru Dumnezeu și guru.

Atunci când discipolul devine în sfârşit capabil, nu numai în adâncul inimii dar şi fizic, să se închine la Altceva decât propriul ego, se petrece o transformare interioară: începe dezvoltarea smereniei. Egoul este precum un zid solid de închisoare, impenetrabil, ce înconjoară sufletul, adevărata natură a omului; unica forţă capabilă să demoleze acest zid este umilinţa.

Aceia dintre voi care aţi citit „*Autobiografia unui Yoghin*" vă veţi aminti că atunci când Lahiri Mahasaya l-a văzut pe *mahavatar*, Babaji, spălând picioarele unui *sadhu* de rând la Kumbha Mela⁵, a rămas peste măsură de surprins. „Guruji!" a exclamat el. „Ce faceţi aici?"

„Spăl picioarele acestui pustnic", a răspuns Babaji, „după care îi voi spăla vasele. Învăţ să practic cea mai mare dintre virtuţi, cea pe care Dumnezeu o iubeşte mai presus de toate – umilinţa."

Umilinţa este înţelepciunea care acceptă că Unul este mai grandios decât noi înşine. Majoritatea fiinţelor umane glorifică sinele egotic. Însă, pe măsură ce discipolul începe, mai degrabă, a se închina idealului unui Sine mai grandios precum şi gurului recunoscut ca fiind instrumentul Divinităţii şi al cărui ajutor îl solicită pentru realizarea acelui Sine, el dobândeşte atât umilinţa necesară pentru a dărâma zidul care-l menţine prizonier al egoului cât şi percepţia lăuntrică

---

5 O adunare religioasă periodică în India, la care participă mii de asceţi şi pelerini.

a unei conştiinţe divine aflată într-o perpetuă expansiune, izvorând din acel Sine grandios.

Omul umil este un om cu adevărat paşnic, cu adevărat plin de voioşie. El rămâne netulburat de instabilitatea comportamentului şi iubirii omeneşti. El nu se simte rănit de nestatornicia companiei umane sau de natura tranzitorie a poziţiei sociale şi a siguranţei personale în această lume. Toate gândurile legate de beneficiul personal şi de auto-glorificare se diminuează şi dispar în omul umil. Scripturile declară: „Când acest <<eu>> va înceta să existe, atunci voi şti cine sunt eu." Atunci când egoul dispare, sufletul – acea imagine a lui Dumnezeu dormind înlăuntrul nostru – reuşeşte în cele din urmă să se trezească şi să se exprime. Drept urmare, în viaţa discipolului încep să se manifeste toate calităţile divine ale sufletului, iar el este eliberat pe vecie de ignoranţa perpetrată de *maya,* iluzia acestei lumi impusă asupra tuturor creaturilor ce-şi joacă rolul în drama creaţiei lui Dumnezeu.

Deci reţineţi: respectul duce la reverenţă, urmată firesc de umilinţă. Pe măsură ce devotul dezvoltă aceste calităţi, va începe să se apropie cu repeziciune de Ţelul Suprem al căutării sale spirituale.

Calitatea credinţei

Relaţia guru-discipol desăvârşeşte calitatea credinţei în *chela.* Lumea în care trăim este întemeiată pe relativitate, de aceea este nestatornică. Nu ştim de la o zi la alta dacă trupurile noastre vor fi sănătoase sau afectate de boală. Nu ştim dacă cei dragi, care ne sunt astăzi alături, vor fi și mâine lângă noi sau vor fi luați de pe acest pământ. Nu știm dacă pacea de care ne bucurăm astăzi nu va fi mâine distrusă de război. Această incertitudine creează în om o profundă stare de nesiguranță. De aceea există în zilele noastre atâta neliniște și atâtea probleme de sănătate mentală. Tot din aceleași motive, omul se agață orbește de posesiunile materiale. El râvnește la o poziție socială mai importantă, la renume și faimă mai mare, la mai mulți bani. El vrea o casă mai spațioasă, mai multă îmbrăcăminte, o mașină nouă. El este convins că toate aceste lucruri îi aduc siguranță într-o lume plină de temeri și incertitudini. El se agață de niște obiecte lipsite de importanță și le divinizează.

Adevărata credință ia naștere din *experiența* adevărului și a realității, dintr-o cunoaștere directă și cu certitudine a forțelor divine ce susțin toată creația. Omul nu se simte în siguranță pentru că nu are o astfel de credință. Isus Christos a spus: „Adevărat grăiesc vouă: Dacă veți avea credință în voi cât un grăunte de muștar, veți zice muntelui acestuia: Mută-te de aici dincolo, și se va muta; și nimic nu va fi vouă cu neputință." (Matei 17:20)

Nu începem să manifestăm cu adevărat credință în viață deoarece ne este greu până și să credem în „lucruri nevăzute". Adevărul este că omul nu poate avea credință până când și numai dacă are în viață o experiență care nu-l va dezamăgi. Relația guru-discipol îl conduce pe devot la o asemenea certitudine. El descoperă în guru pe reprezentantul Divinității: gurul trăiește în conformitate cu principiile divine;

el demonstrează spiritul lui Dumnezeu în propria viață; el este o întrupare a „lucrurilor nevăzute".

Gurul este de asemenea o manifestare a necondiționatei iubiri divine. Indiferent de ceea ce facem, el este pururea statornic în iubirea pentru noi, iar noi realizăm că putem avea încredere în această iubire. Observând-o demonstrată zi de zi, an după an, încrederea noastră în iubirea gurului crește. Ne dăm seama că Dumnezeu ne-a trimis pe cineva care va veghea asupra noastră clipă de clipă, zi de zi, viață după viață – cineva sub a cărui oblăduire ne vom afla mereu. Acesta este gurul; evlavia noastră față de el înflorește pe măsură ce îi recunoaștem unitatea cu Spiritul neschimbător, imuabil.

Relația guru-discipol solicită cultivarea unei credințe depline din partea discipolului. Gurul îl îndrumă pe *chela*: „Copilul meu, dacă dorești să-l cunoști pe Dumnezeu, dacă vrei să dobândești puterea de a te întoarce la El, trebuie să-ți dezvolți credința în acel Ceva ce încă nu poți vedea și nu poți atinge în acest moment; acel Ceva ce nu poate fi cunoscut prin percepția simțurilor. Trebuie să ai credință în Unul care este nevăzut, căci El este singura Realitate din spatele a tot ceea ce limitatele tale simțuri omenești percep acum a fi atât de real."

Pentru a ajuta discipolul să-și cultive credința, gurul îl îndeamnă: „Urmează-mă; orbește, dacă va fi nevoie." Prezența egoului ne alterează vederea, însă gurul are o vedere fără cusur. La el ochii înțelepciunii sunt permanent deschiși. Pentru el nu există deosebire între ziua de ieri, astăzi, sau mâine. În percepția sa divină nu există diferență între trecut, prezent și viitor. Paramahansaji spunea adesea: „În conștiința lui Dumnezeu nu există timp și spațiu; totul se petrece în eternul prezent. Omul vede doar o minusculă verigă din lanțul eternității, însă este convins că le știe pe toate." Gurul, care este una cu Dumnezeu și a cărui conștiință a fost golită de iluzia ce tulbură mintea omului obișnuit, percepe eternitatea. El vede condiția prezentă a discipolului și înțelege ce se străduiește *chela* să devină, încercările prin care a trecut deja pe parcursul numeroaselor reîncarnări, precum și obstacolele pe care le va întâlni în viitor. Numai gurul poate afirma: „Aceasta este calea către Dumnezeu." În pofida faptului că discipolul trebuie să-l urmeze orbește pe guru, calea este certă, iar el este protejat și în siguranță.

În decursul *sadhanei*, de la bun început discipolul trebuie să dea ascultare și să urmeze cu credință, chiar și atunci când nu înțelege pe deplin vreun aspect al învățăturilor gurului. Gurudeva făcea ocazional următoarea remarcă atunci când un discipol începea a aduce argumente logice pentru a obiecta la vreo instrucțiune dată de el: „Nu am timp pentru argumentele tale logice. Pur și simplu fă ce ți-am spus." Mai ales la început, adeseori *chela* considera un asemenea răspuns ca irațional. Însă cei ce i-au dat ascultare fără a mai obiecta, au cules roadele unei asemenea metode de instruire. Urmați întocmai învățăturile gurului, căci el vede, el știe. El vă va călăuzi lăuntric în acțiunile înfăptuite benevol, cu concentrare, pentru a duce la bun sfârșit învățăturile sale. Încrederea acordată gurului îi permite acestuia să cultive omnipotenta putere a credinței în discipol.

Având în guru pe cel ce ne poate oferi acea securitate aflată doar în Dumnezeu, cel pe care-l putem lua de mână încredințați că vom fi călăuziți în siguranță prin întunericul iluziei (*maya*), începem a ne dezvolta credința necesară pentru a-l cunoaște pe Dumnezeu.

Ajutorul acordat de guru

Gurul acordă ajutor discipolului pe nenumărate căi. *Chela* este inspirat de cea care este probabil cea mai importantă dintre ele: exemplificarea în persoană, de către guru, a atributelor divine. El este „glasul perceptibil al tăcutului Dumnezeu"[6] și încarnarea supremei înțelepciuni și a celei mai pure dintre iubiri; el personifică atributele sufletului ce îl reflectă pe Dumnezeu; el simbolizează atât calea cât și Țelul Suprem. Isus Christos a spus: „Eu sunt Calea, Adevărul și Viața" (Ioan 14:6). Gurul este calea; ca exemplu suprem al *sadhanei* oferite discipolilor săi, el expune legi divine ale Adevărului și îi învață cum să le aplice în vederea cunoașterii lui Dumnezeu. *Chela* primește de la guru inspirație spirituală și vitalitate, pentru a fi capabil să urmeze calea ce duce la viață eternă în Dumnezeu.

Discipolul începător ar putea argumenta că întrucât gurul este divin, *chela* n-are nicio șansă să-l emuleze. Un asemenea *chela* a fost rugat de Paramahansa Yogananda să îndeplinească o sarcină, iar el a protestat că nu este capabil

---

6 Din omagiul adus de către Paramahansa Yogananda gurului său, Swami Sri Yukteswar, în cartea „*Whispers from Eternity*" [Șoapte din eternitate] publicată de Self-Realization Fellowship.

s-o realizeze, pentru că o considera peste capacitatea lui. Replica lui Paramahansaji a fost imediată și emfatică: „*Eu* o pot face!"

„Dar Gurudeva, *tu* ești Yogananda. Tu ești una cu Dumnezeu." Discipolul se aștepta ca Paramahansaji să răspundă: „Da, ai dreptate. Nu te grăbi. În cele din urmă vei reuși."

Însă Gurudeva a răspuns: „Există o singură diferență între tine și un Yogananda. *Eu* am făcut efortul; acum e rândul *tău* să faci efortul necesar!"

Paramahansaji nu le-a permis niciodată discipolilor pe care îi instruia să-i răspundă cu una dintre aceste două expresii: „Nu pot" și „Nu vreau". El insista că cel în cauză trebuie să fie dispus să depună efortul necesar.

„Viața este asemenea unui râu care curge cu repeziciune", spunea adesea Paramahansaji. „Atunci când îl cauți pe Dumnezeu, înoți în sens opus curentului de tendințe lumești care îți atrag mintea către limitata conștiință materială și senzorială. Trebuie, clipă de clipă, să faci efortul de a înota <<împotriva curentului>>. Dacă îți slăbește vigilența, puternicul curent al iluziei te va purta cu el la vale. Eforturile tale trebuie să fie constante."

Scripturile vedice declară că efortul spiritual al discipolului constituie doar douăzeci și cinci de procente din forțele spirituale ce sunt necesare pentru a-i aduce sufletul înapoi la Dumnezeu. Încă douăzeci și cinci de procente îi sunt dăruite prin binecuvântările gurului. Celelalte cincizeci de procente rămase îi sunt acordate prin intermediul grației divine. Așadar efortul discipolului este egalat de al gurului, iar Dumnezeu oferă tot atât de mult cât oferă laolaltă gurul și discipolul. Deși efortul discipolului reprezintă doar un sfert din total, el trebuie să persevereze și să-și facă partea în întregime, nu să aștepte ca mai întâi să primească binecuvântările gurului și grația lui Dumnezeu. În timp ce devotul depune eforturi maxime pentru a-și îndeplini partea, binecuvântările gurului și grația divină sunt prezente în mod automat.

Totodată gurul ajută discipolul prin preluarea unei părți importante din încărcătura sa karmică[7]. La cererea lui Dumnezeu este posibil ca gurul să se încarce și cu o parte din karma colectivă, de masă, a omenirii.

„Fiul omului n-a venit să I se slujească, ci ca să slujească El și să-Și dea sufletul răscumpărare pentru mulți." (Matei 20:28). Isus a permis ca trupul să-i fie crucificat pentru a lua asupra lui o parte din karma individuală a discipolilor săi, precum și o parte din karma de masă a omenirii. Am văzut adesea această capacitate demonstrată de Paramahansa Yogananda. Câteodată simptomele unei maladii de care vindecase o anumită persoană se manifestau pentru un timp în propriul său corp. Pe durata războiului din Coreea, în perioadele în care se afla în starea de experiență supraconștientă *samadhi*, el striga de durere, suferind odată cu soldații răniți și muribunzi de pe câmpul de luptă.

---

[7] Efectele acțiunilor din trecut, fie din această viață, fie dintr-o viață anterioară; de la termenul sanskrit *kri*, „a face ". Vezi glosarul.

O oglindă a perfecțiunii

Gurul servește de asemenea și ca oglindă discipolului, reflectându-i imaginea de caracter. Când devotul declară: „Vreau să-l cunosc pe Dumnezeu", el se rânduiește pe calea ce duce la perfecțiune, deoarece pentru a-l realiza pe Dumnezeu el trebuie să reajungă să exprime perfecțiunea inerentă sufletului. El trebuie să elimine egoul și influența acestuia asupra minții și acțiunilor sale. Dacă discipolul stă în fața acestei oglinzi (gurul) cu o atitudine de reverență, devoțiune, credință, ascultare și supunere, ea îi va dezvălui toate carențele și slăbiciunile personale care îi blochează drumul spre Țelul Suprem.

Paramahansaji ne remarca imperfecțiunile și le semnala cu sinceritate devoților receptivi, dar nu stăruia niciodată asupra acelor carențe. El le scotea în evidență doar atunci când era necesar să disciplineze pentru beneficiul spiritual al devotului. El se concentra în principal asupra calităților pozitive ale fiecăruia. Când mustra pe cineva, adăuga: „Autoanalizează-te ca să înțelegi natura imperfecțiunii tale, precum și cauza și efectul ei; apoi alung-o din minte. Nu rămâne fixat asupra acelei imperfecțiuni. Concentrează-te, în schimb, asupra cultivării sau exprimării calității pozitive aflate la polul opus."

De exemplu, cineva care este plin de îndoială ar trebui să se străduiască să practice credința. Dacă este agitat, ar trebui să afirme şi să practice liniştea sufletească: „Arogă-ți o virtute, dacă nu o ai."[8]

Cum să urmăm gurul

Discipolul trebuie să înveţe să-l urmeze pe guru prin emularea exemplului său şi prin practicarea cu conştiinciozitate a *sadhanei* prescrise de el. La primele încercări discipolul nu izbuteşte să-l urmeze pe guru la perfecţie, dar el trebuie să continue să depună efortul necesar până când reuşeşte.

Pentru cei care au decis să urmeze calea Self-Realization Fellowship, a urma gurul înseamnă a infuza cu devoţiune meditaţia ştiinţifică zilnică şi a o îmbina cu activitate corectă. Precum ne-a învățat Paramahansaji din Bhagavad Gita, activitatea corectă ne reaminteşte de Dumnezeu, fiindu-I consacrată; ea este desfăşurată fără dorinţă după fructele acţiunii, fără a urmări rezultate pentru satisfacţia personală, ci doar pentru a-l mulţumi pe Dumnezeu.

Unii îşi închipuie că viaţa în prezenţa unui guru constă în a-ţi petrece zilele şezând la picioarele lui, absorbindu-i cuvintele pline de înțelepciune şi meditând în beatitudinea stării de *samadhi*. Instruirea primită de noi de la Paramahansa Yoganandaji, gurul nostru, nu a fost de o asemenea natură. Noi eram foarte activi şi adesea complet ocupaţi cu activităţi în slujba celorlalţi. Gurudeva era neobosit în munca depusă în slujba omenirii şi a lui Dumnezeu; prin intermediul exemplului personal, ne-a învățat şi pe noi să ne implicăm

---

[8] *Hamlet*, Actul 3, Scena IV ["Assume a virtue, if you have it not"]

plenar. A fi spiritual înseamnă a suprima egoul și egoismul. Dacă el lucra toată noaptea, lucram și noi toată noaptea. Nemărginita iubire a lui Gurudeva pentru omenire a fost activ exprimată prin munca lui neobosită în slujba ei. În același timp, mereu ne reamintea să contrabalansăm această activitate cu meditația profundă ce conduce la comuniunea cu Dumnezeu și realizarea de Sine.

„Învățăturile vor fi gurul"

„Când nu voi mai fi printre voi", ne-a spus Paramahansaji, „învățăturile vor fi gurul. Cei care urmează cu loialitate această cale oferită de Self-Realization [Fellowship] și care practică aceste învățături, se vor afla în rezonanță cu mine, precum și cu Dumnezeu și Paramgurușii[9] care au trimis această lucrare." Învățăturile primite de la Self-Realization Fellowship vă pun la dispoziție întreaga inspirație și călăuzire de care aveți nevoie pentru a urma cu deplină încredere calea către Dumnezeu. Fiecare student al Lecțiilor Self-Realization Fellowship ar trebui să se străduiască neîncetat să trăiască în conformitate cu sfaturile lui Gurudeva. Învățăturile sale sunt aplicabile fiecărui aspect al vieții noastre. Pentru noi, acestea nu trebuie să reprezinte doar o filozofie, ci să constituie un mod de viață. Cei ce trăiesc în concordanță cu învățăturile lui Paramahansaji știu cu certitudine acest adevăr: între guru și discipol nu există separare. Fie că se găsește în formă fizică,

---

9 Ad litteram, „gurușii de mai departe"; în acest caz, Swami Sri Yukteswar (gurul lui Paramahansa Yogananda), Lahiri Mahasaya (gurul lui Swami Sri Yukteswar) și Mahavatar Babaji (gurul lui Lahiri Mahasaya).

fie că a părăsit acest pământ pentru a sălășlui în sfera astrală sau cauzală, sau în Spiritul transcendent, gurul se află mereu aproape de discipolul care este în rezonanță cu el. Această rezonanță conduce la mântuire. În uniunea lui cu Dumnezeu, un guru adevărat este omnipotent; el poate descinde din sferele celeste pentru a-l ajuta pe discipol în realizarea lui Dumnezeu. Acest sprijin spiritual este promisiunea divină și eternă a gurului. Extraordinară este șansa discipolului care e condus spre un guru adevărat. Iar cu atît mai mare este șansa, dacă el se va strădui din răsputeri să atingă perfecțiunea prin supunere și sincer devotament față de învățăturile gurului.

Relația guru-discipol este eternă

Gurul este omniprezent. Ajutorul, călăuzirea și învățăturile lui dăinuie nu numai pentru scurta perioadă cât trăiește pe pământ, ci în eternitate. Gurul nostru spunea adesea: „Mulți devoți adevărați au venit în timpul vieții mele. Îi recunosc din viețile anterioare. Iar mulți alții urmează să vină. Îi cunosc. Ei vor veni după ce-mi voi fi părăsit acest corp." Pentru adepții sinceri, sprijinul gurului nu se încheie odată ce el își părăsește corpul fizic. Dacă ar înceta, el nu ar fi un guru adevărat. Conștiința unui guru adevărat este eternă: mereu trează, mereu în rezonanță, neîntreruptă de deschiderea și închiderea porții vieții și a morții. Gurul este în permanență la curent cu ceea ce se întâmplă cu discipolul, legătura cu el fiind constantă.

Paramahansaji s-a referit la responsabilitatea eternă a gurului când, într-o zi, ne-a vorbit despre vremea când nu va mai fi printre noi în formă fizică: „Amintiți-vă întotdeauna că după ce-mi voi părăsi corpul nu voi mai putea să vă vorbesc cu această voce, dar voi avea cunoștință de fiecare gând pe care-l aveți și de fiecare acțiune pe care o înfăptuiți."

Precum Dumnezeu este omniprezent, tot așa și gurul este omniprezent. El știe ce sălășluiește în mintea și inima fiecărui discipol. „Niciodată nu intru să examinez viețile acelora care nu o doresc," a spus Paramahansaji, „însă sunt mereu prezent pentru cei ce mi-au dat permisiunea și care sunt interesați să-i îndrum. Conștiința mea este în rezonanță cu ei; sunt perfect conștient chiar și de cea mai fină vibrație a conștiinței lor."

Chiar și atunci când Gurudeva era printre noi în planul fizic, întrupat, ne-a învățat să nu devenim dependenți de personalitatea lui, ci mai degrabă să ne străduim a fi la unison cu el în mintea și conștiința noastră. El cerceta direct gândurile noastre, stările noastre de conștiință. Ca o consecință a rezonanței dintre noi și el, nu există nicio diferență în ziua de astăzi dacă Gurudeva e prezent în forma sa fizică sau nu. El este mereu cu noi.

Astăzi, aici, la a cincizecea Convocare Aniversară, se află printre noi sute de discipoli – veniți din nenumărate părți ale globului – care nu l-au întâlnit pe Paramahansaji în timpul vieții lui. Cu toate acestea, în sincerele voastre căutări spirituale, fiecare dintre voi a remarcat că a beneficiat de pe urma învățăturilor lui Gurudeva! Binecuvântările sale au ajuns la voi pentru că el este omniprezent și pentru că v-ați făcut receptivi prin practicarea devoțiunii, practicarea învățăturilor primite de la el și prin loialitatea față de instituția pe care a fondat-o. Aceste calități și acțiuni benefice v-au oferit dumneavoastră, ca discipoli ai săi, o adâncă rezonanță spirituală cu gurul, Paramahansa Yogananda.

Guru *Diksha*

Relația guru-discipol este consacrată oficial prin binecuvântarea lui Dumnezeu atunci când discipolul primește *diksha*, inițierea sau botezul spiritual, de la guru sau prin calea de transmisie stabilită de guru. Pe perioada inițierii are loc un schimb reciproc de iubire necondiționată, eternă și de loialitate; un angajament se stabilește odată cu făgăduința discipolului de a accepta și urma gurul cu credință, precum și cu promisiunea gurului de a-l conduce pe discipol la Dumnezeu.

O parte din *diksha* este dăruirea de către guru a unei tehnici spirituale care va constitui modalitatea de mântuire a discipolului, tehnică pe care acesta promite să o practice cu sârguință. În cadrul Self Realization Fellowship, *diksha* constă în oferirea tehnicii de Kriya Yoga, fie printr-o ceremonie oficială de inițiere, fie în maniera *bidwat*, sau neceremonioasă, atunci când discipolul nu poate participa la ceremonie.

Până și în practicarea unei tehnici spirituale atât de puternice precum este Kriya Yoga, un ingredient esențial ar lipsi dacă n-ar exista binecuvântarea dată de relația guru-discipol. Gurul stabilește cu claritate condițiile necesare acceptării oricărui devot ca discipol. Așadar inițierea trebuie să fie primită astfel încât aceste condiții să fie îndeplinite, ceea ce conduce la conectarea directă a discipolului cu gurul;

ca urmare, puterea spirituală a acestui legământ începe să se manifeste în viața discipolului.

Ilustrul poet-sfânt indian Kabir a elogiat gurul în aceste stihuri:

> Milostenia adevăratului meu guru este cea care m-a sprijinit în cunoașterea necunoscutului;
>
> De la el am învățat cum să merg fără picioare, cum să văd fără ochi, cum să aud fără urechi, cum să beau fără gură, cum să zbor fără aripi.
>
> Mi-am adus iubirea și meditația într-un tărâm unde nu există soare și lună, nici ziuă și noapte.
>
> Fără să mă hrănesc, am gustat din dulceața nectarului; și fără de apă, mi-am potolit setea.
>
> Unde există răspunsul delectării, acolo se află plenitudinea bucuriei. Față de cine poate acea bucurie fi rostită?
>
> Kabir afirmă: Indescriptibilă este măreția gurului, excepțională șansa discipolului.

DESPRE AUTOARE

Sri Mrinalini Mata, o discipolă apropiată a lui Paramahansa Yogananda, se numără printre aceia pe care el i-a instruit, format şi ales personal să ducă mai departe obiectivele Self-Realization Fellowship după moartea sa. Ea a servit ca preşedintă şi conducător spiritual al SRF/YSS (*Self-Realization Fellowship*, purtând numele de *Yogoda Satsanga Society* în India) din 2011 până la trecerea ei în nefiinţă în 2017. Ea şi-a dedicat peste 70 de ani din viaţă pentru a servi cu devotament şi renunţare de sine lucrarea lui Paramahansa Yogananda.

Era în 1945, la vârsta de paisprezece ani, când, la Templul Self-Realization Fellowship din San Diego, viitoarea Sri Mrinalini Mata avea să-l întâlnească pentru prima oară pe Paramahansa Yogananda. Doar câteva luni mai târziu, dorinţa ei de a-şi dedica viaţa spre a-L căuta şi servi pe Dumnezeu şi-a găsit împlinirea când, cu permisiunea părinţilor, a devenit călugăriţă a Ordinului Self-Realization Fellowship în ashramul lui Sri Yogananda din Encinitas, California.

Prin asocierea de zi cu zi în anii ce au urmat (până la

moartea lui în 1952), Paramahansaji a acordat o deosebită
atenție instruirii spirituale a acestei tinere călugărițe (în
același timp ea și-a completat și educația oficială la școlile
locale). Încă din primii ei ani în ashram, el a fost încredințat
și a vorbit deschis cu ceilalți discipoli despre viitorul ei
rol în organizație, instruind-o personal pentru editarea și
supravegherea publicării scrierilor și discursurilor sale după
moartea lui.

Sri Mrinalini Mata (al cărei nume se referă la floarea de
lotus, considerată tradițional în India ca fiind un simbol al
purității și al realizării spirituale) a servit un timp îndelungat
ca editor șef al cărților, Lecțiilor și publicațiilor periodice ale
Self-Realization Fellowship. Printre lucrările lui Paramahansa
Yogananda publicate ca rezultat direct al eforturilor ei
editoriale se află strălucitul comentariu asupra celor patru
Evanghelii (intitulat *The Second Coming of Christ: The
Resurrection of the Christ Within You*); elogiata sa traducere
și comentariu asupra Scripturii sanscrite Bhagavad Gita (*God
Talks With Arjuna*); câteva dintre volumele sale de poezii și
scrieri inspiraționale, precum și trei voluminoase antologii
cuprinzând colecția sa de conferințe și eseuri.

Discursuri de Sri Mrinalini Mata
Înregistrări disponibile numai în limba engleză

Look Always to the Light

Living in Attunement With the Divine

The Yoga Sadhana That Brings God's Love and Bliss

Guided Meditation for Christmastime

Embracing and Sharing the Universal Love of God

Tuning In to God's Omnipresence

The Guru: Messenger of Truth

The Interior Life

If You Would Know the Guru

PARAMAHANSA YOGANANDA
(1893-1952)

„Idealul iubirii de Dumnezeu și al slujirii omenirii și-a găsit expresia plenară în viața lui Paramahansa Yogananda... Cu toate că și-a petrecut cea mai mare parte a vieții în afara Indiei, el își are locul său printre sfinții noștri cei mai de seamă. Lucrarea sa continuă să se răspândească și să strălucească tot mai puternic, atrăgând oameni de pretutindeni pe calea pelerinajului către Spirit."

— fragment din omagiul Guvernului Indiei la emiterea unui timbru comemorativ în onoarea lui Paramahansa Yogananda.

Născut în India la 5 ianuarie 1893, Paramahansa Yogananda și-a dedicat viața pentru a ajuta oamenii de toate rasele și credințele să realizeze și să exprime cât mai amplu în viața lor adevărata frumusețe, noblețe și divinitate a spiritului uman.

După absolvirea Universității din Calcutta în 1915, Sri Yogananda și-a depus jurământul de călugăr în venerabilul Ordin Swami al Indiei. Doi ani mai târziu, și-a început lucrarea de o viață prin fondarea unei școli „Cum-să-trăim" — între timp ajunsă la șaptesprezece instituții educaționale pe tot cuprinsul Indiei — în care materia școlară tradițională era predată laolaltă cu pregătirea yoga și cultivarea idealurilor spirituale. În 1920 a fost invitat să participe în calitate de delegat al Indiei la Congresul Internațional al Liberalilor Religioși, la Boston. Cuvântarea sa din cadrul congresului și prelegerile ce au urmat pe Coasta de Est a Statelor Unite ale Americii au fost primite cu entuziasm, iar în 1924 a început un turneu intercontinental de conferințe.

Pe parcursul următoarelor trei decenii, Paramahansa Yogananda a contribuit în mod semnificativ la o mai amplă conștientizare și prețuire în Occident a înțelepciunii spirituale Orientale. El a stabilit la Los Angeles sediul internațional al Self-Realization Fellowship — societatea religioasă non-sectară pe care a fondat-o în 1920. Prin scrierile sale, amplele turnee de conferințe și înființarea numeroaselor temple și centre de meditație ale Self-Realization Fellowship, a călăuzit sute de mii de căutători de adevăr către străvechea știință și filozofie yoga și metodele sale de meditație universal aplicabile.

Lucrarea spirituală și umanitară începută de Paramahansa Yogananda, continuă în zilele noastre sub conducerea Fratelui Chidananda, președinte al SRF/YSS (*Self-Realization Fellowship*, purtând numele de *Yogoda Satsanga Society* în India). Pe lângă publicarea scrierilor, prelegerilor și cuvântărilor neoficiale (incluzând o serie completă de *Lecții Self-Realization Fellowship* pentru studiul prin corespondență), societatea supraveghează templele, locurile de recluziune și centrele din toată lumea, comunitățile monahale ale Self-Realization Fellowship, precum și un Cerc Mondial de Rugăciune.

Într-un articol despre viața și opera lui Sri Yogananda, Dr. Quincy Howe Jr., profesor de Limbi Antice la Colegiul

Scripps, scria: „Paramahansa Yogananda a adus în Occident nu numai eterna promisiune a Indiei de realizare a lui Dumnezeu, dar și o metodă practică prin care aspiranții spirituali ai oricărei categorii sociale pot progresa rapid în direcția atingerii acestui țel. Prețuită inițial în Occident numai la nivelul cel mai elevat și abstract, moștenirea spirituală a Indiei este accesibilă acum la nivel practic și de experiență tuturor celor care aspiră să îl cunoască pe Dumnezeu nu în lumea de dincolo, ci aici și acum... Yogananda a pus cele mai înălțătoare metode de contemplare la dispoziția tuturor."

SERIA „CUM-SĂ-TRĂIM"
GLOSAR

ashram. Un ermitaj spiritual; adeseori o mănăstire.

[lumea] astral[ă]. Lumea subtilă de lumină și energie aflată dincolo de universul material. Fiecare ființă, fiecare obiect, fiecare vibrație în planul fizic are un omolog astral, deoarece universul material își are „matricea" în universul astral (raiul). O expunere asupra universului astral și celui mai subtil cauzal sau ideațional, lumea gândului, poate fi găsită în Capitolul 43 din „*Autobiografia unui Yoghin*", de Paramahansa Yogananda.

Aum (OM). Cuvântul primordial sau sămânța sunetului din limba sanscrită, simbolizând acel aspect al lui Dumnnezeu-Tatăl care creează, menține și întreține toate lucrurile; Vibrația Cosmică. *Aum* din Vede a devenit cuvântul sacru *Hum* la tibetani, *Amin* la musulmani și *Amen* la egipteni, greci, romani, evrei și creștini. Marile religii ale omenirii afirmă că toate lucrurile create își au obârșia în energia cosmică vibratorie a lui *Aum* sau *Amen*, Cuvântul sau Duhul Sfânt.

„La început era Cuvântul și Cuvântul era la Dumnezeu și Dumnezeu era Cuvântul [...] Toate prin El s-au făcut [Cuvântul sau *Aum*]; și fără El nimic nu s-a făcut din ce s-a făcut" (Ioan 1:1,3).

avatar. Din cuvântul sanscrit *avatara* („coborâre"), semnificând descinderea Divinității în trup omenesc. Un avatar este acela care atinge uniunea cu Spiritul și care se întoarce apoi pe pământ pentru a ajuta omenirea.

Bhagavad Gita. *"Cântecul Domnului"*. Este parte din epopeea antică indiană *Mahabharata*, prezentată sub forma unui dialog între avatarul (vezi **avatar.**) Domn Krishna și discipolul său Arjuna. Un tratat profund asupra științei Yoga și totodată o eternă rețetă pentru fericire și succes în viața de zi cu zi.

Bhagavan Krishna (Domnul Krishna). Un avatar (vezi **avatar.**) care a trăit în India cu multe secole înainte de era creștină. Învățăturile sale despre Yoga (vezi **Yoga.**) sunt prezentate în Bhagavad Gita. Unul dintre înțelesurile date cuvântului *Krishna* în scripturile hinduse este acela de „Spirit atoateștiutor". Astfel, *Krishna*, la fel ca și *Christos*, este un titlu ce semnifică statura spirituală supremă a avatarului - uniunea sa cu Dumnezeu. (vezi Conștiința Christică.)

Centrul [Conștiinței] Christic[e]. Centrul concentrării și al voinței aflat în frunte, între sprâncene; lăcașul Conștiinței Christice [a lui Christos] și al ochiului spiritual (vezi **ochiul spiritual.**).

Conștiința Christică [a lui Christos]. Conștiința proiectată de Dumnezeu, imanentă în toată creația. În scriptura creștină este numită „Fiul cel Unul-Născut", singura reflecție pură în creație a lui Dumnezeu-Tatăl; în scriptura hindusă este numită *Kutastha Chaitanya*, inteligența cosmică a Spiritului, omniprezentă în creație. Este conștiința universală, a contopirii cu Dumnezeu, manifestată de Isus, Krishna și alți avatari. Marii sfinți și yoghini o percep ca fiind starea de meditație *samadhi* (vezi **samadhi.**), în care conștiința lor a devenit identificată cu inteligența prezentă în fiecare particulă a creației; ei simt întregul univers ca propriul lor corp.

Conștiința Cosmică. Absolutul; Spiritul mai presus de creație. De asemenea starea de meditație-*samadhi,* de contopire cu Dumnezeu atât dincolo de creație cât și în manifestarea vibratorie.

guru. Învățător spiritual. În *Guru Gita* (versul 17) gurul este descris în mod adecvat ca fiind „cel ce dispersează întunericul" (de la *gu,* „întuneric" și *ru,* „ceea ce dispersează"). Deși cuvântul *guru* este adesea folosit greșit ca simplă referire la orice profesor sau instructor, un adevărat guru iluminat întru Dumnezeu este acela care, dobândind perfectă stăpânire-de-sine, și-a realizat identitatea cu Spiritul omniprezent. În mod unic, un astfel de om este calificat pentru a-i călăuzi pe alții în călătoria lor spirituală, lăuntrică.

Cel mai apropiat echivalent pentru *guru* în limba engleză este cuvântul *Master.* În semn de respect, discipolii lui Paramahansa Yogananda folosesc adesea acest termen atunci când se referă la el sau i se adresează lui.

karma. Efectele acțiunilor din trecut, atât din această viață cât și din viețile anterioare. Legea karmei este aceea de acțiune și reacțiune, cauză și efect, semănat și cules. Prin intermediul gândurilor și acțiunilor sale, ființa umană devine făuritoarea propriului destin. Orice energii care au fost puse în mișcare, cu sau fără înțelepciune, trebuie să se întoarcă înapoi la persoana care le-a fost punct de plecare, precum un cerc care se închide în mod natural și implacabil. Karma urmărește persoana respectivă de la o încarnare la alta, până când efectul ei este săvârşit sau rezolvat prin transcendenţă spirituală. (vezi reîncarnare.)

Krishna. Vezi Bhagavan Krishna.

Kriya Yoga. O stiinţă spirituală sacră, care îşi are originea cu milenii în urmă în India. Este o formă de *Raja* („regală" sau „completă") *Yoga*, incluzând anumite tehnici avansate de meditaţie care conduc la experienţa personală, directă, a lui Dumnezeu. *Kriya Yoga* este descrisă în capitolul 26 din *Autobiografia unui Yoghin* şi este oferită celor care studiază *Lecţiile Self-Realization Fellowship,* după ce aceştia îndeplinesc anumite cerinţe spirituale.

maya. Puterea de iluzie, de aparenţă înşelătoare, imanentă în structura creaţiei, datorită căreia Unicul apare ca multitudine. *Maya* reprezintă principiul relativităţii, inversiunii, contrastelor, dualităţii, al stărilor antagonistice; „Satana" (lit., în ebraică, „adversarul") profeţilor din Vechiul Testament. Paramahana Yogananda a scris: „Cuvântul sanscrit *maya* înseamnă „măsurătorul"; el reprezintă puterea magică din creaţie prin care limitările şi diviziunile par a fi prezente în Cel incomensurabil şi Cel inseparabil... În planul şi aranjamentul dramatic (*lila*) Dumnezeiesc, singura misiune a lui Satan sau *maya* este aceea de a încerca să distragă omul de la identificarea cu Spiritul către identificarea cu materia, de la Realitate către irealitate... *Maya* este vălul de vremelnicie al Naturii... vălul pe care fiecare om trebuie să-l ridice pentru ca astfel să poată percepe dincolo de acesta pe Creator, neschimbătorul Imuabil, eterna Realitate."

ochiul spiritual. Ochiul singular al intuiției și percepției spirituale, aflat la centrul Christic (*Kutastha*) dintre sprâncene (vezi **Centrul [Conștiinței] Christic[e]**.); poarta de acces la stări superioare de conștiință. În timpul meditației profunde, ochiul singular sau spiritual devine vizibil sub forma unei stele strălucitoare încercuită de o sferă de lumină albastră, care la rândul ei este înconjurată de o aură strălucitoare de lumină aurie. La acest ochi atoateștiutor se face referire în mod variat în scripturi, fiind numit al treilea ochi, steaua de la Răsărit, ochiul interior, porumbelul coborând din ceruri, ochiul lui Shiva și ochiul intuiției. „Luminătorul trupului este ochiul; de va fi ochiul tău curat, tot trupul tău va fi luminat." (Matei 6:22)

paramahansa. Un titlu spiritual semnificând faptul că cel căruia i-a fost conferit a atins cea mai înaltă stare de comunicare neîntreruptă cu Dumnezeu. Poate fi conferit unui discipol calificat numai de către un adevărat guru. Swami Sri Yukteswar i-a conferit acest titlu lui Paramahansa Yogananda în 1935.

reîncarnare. O expunere asupra reîncarnării poate fi găsită în capitolul 43 din *Autobiografia unui Yogin,* de Paramahansa Yogananda. Precum este explicat acolo, conform legii karmei (vezi **karma.**), acțiunile anterioare ale oamenilor generează efectele corespunzătoare prin care ei sunt atrași înapoi în acest plan material al existenței. Printr-o succesiune de nașteri și decese, ei revin pe pământ în mod repetat pentru a trece aici prin experiențele ce reprezintă fructele acelor acțiuni anterioare și pentru a continua procesul de evoluție spirituală care va conduce, în ultimă instanță, la realizarea perfecțiunii imanente a sufletului şi la uniunea cu Dumnezeu.

samadhi. Extaz spiritual; experienţă supraconştientă; în ultimă instanţă, uniunea cu Dumnezeu, cu Realitatea supremă atotpătrunzătoare.

Satana. vezi maya.

Self-realization. Realizarea că adevărata identitate a fiinţei umane este Sinele, una cu conştiinţa universală a lui Dumnezeu. Paramahansa Yogananda a scris: „Realizarea de Sine este a şti cu convingere - în trup, minte şi suflet - că suntem una cu omniprezenţa lui Dumnezeu; că nu trebuie să ne rugăm pentru aceasta să vină la noi şi că nu ne aflăm mereu doar în vecinătatea ei, ci că omniprezenţa lui Dumnezeu este şi omniprezenţa noastră; că suntem tot atât de mult parte din El acum precum vom fi întotdeauna. Tot ceea ce trebuie să facem este să ne îmbunătăţim cunoaşterea."

Sine. Scris cu majusculă pentru a-l desemna pe *atman,* sau sufletul, esenţa divină a omului, spre deosebire de sinele „de rând", care este personalitatea umană sau egoul. Sinele este Spirit individualizat, a cărui natură esenţială este Beatitudinea etern-existentă, etern-conştientă, etern-reînnoită.

Yoga. Cuvântul Yoga (de la *yuj,* „uniune", în limba sanscrită) semnifică uniunea sufletului individual cu Spiritul; de asemenea metodele prin care este atins acest ţel. Există diferite sisteme de Yoga. Sistemul predat de Paramahansa Yogananda este *Raja Yoga,* yoga „regală" sau „completă", care se axează pe practicarea de metode ştiinţifice de meditaţie. Înţeleptul Patanjali, cel mai de seamă expozant străvechi de Yoga, a evidențiat opt trepte bine definite prin care un *Raja Yoghin* atinge *samadhi,* sau uniunea cu Dumnezeu. Acestea sunt: (1) *yama*, conduita morală; (2) *niyama*, respectarea preceptelor religioase; (3) *asana*, postura fizică adecvată în vederea calmării agitației corporale; (4) *pranayama*, controlul *pranei*, a curenților vitali subtili; (5) *pratyahara*, interiorizarea; (6) *dharana,* concentrarea; (7) *dhyana*, meditația; și (8) *samadhi*, experiența supraconștientă.

CĂRȚI DE PARAMAHANSA YOGANANDA TRADUSE ÎN LIMBA ROMÂNĂ

Disponibile în librării, pe www.srfbooks.org, sau alte librării de pe Internet

Autobiografia unui Yoghin

Meditații metafizice

Afirmații științifice pentru vindecare

Legea succesului

Cum puteți vorbi cu Dumnezeu

Paramahansa Yogananda. Vorbe înțelepte

Viața fără frică

ALTE PUBLICAȚII ALE SELF-REALIZATION FELLOWSHIP

Relația guru-discipol
Sri Mrinalini Mata

Cărți de Paramahansa Yogananda în limba Engleză

Autobiography of a Yogi

Autobiography of a Yogi
(Carte Audio, citită de Sir Ben Kingsley)

God Talks with Arjuna:
The Bhagavad Gita
O nouă traducere și comentariu

The Second Coming of Christ:
The Resurrection of the Christ Within You
Un comentariu revelator asupra învățăturilor autentice ale lui Isus.

The Yoga of the Bhagavad Gita

The Yoga of Jesus

The Collected Talks and Essays
Volume I: **Man's Eternal Quest**
Volume II: **The Divine Romance**
Volume III: **Journey to Self-Realization**

Wine of the Mystic:
The Rubaiyat *of Omar Khayyam — A Spiritual Interpretation*

The Science of Religion

Whispers from Eternity

Songs of the Soul

Scientific Healing Affirmations

Where There Is Light:
Insight and Inspiration for Meeting Life's Challenges

In the Sanctuary of the Soul:
A Guide to Effective Prayer

Inner Peace:
How to Be Calmly Active and Actively Calm

How You Can Talk With God

Metaphysical Meditations

The Law of Success

Sayings of Paramahansa Yogananda

Living Fearlessly:
Bringing Out Your Inner Soul Strength

Why God Permits Evil and How to Rise Above It

To Be Victorious in Life

Cosmic Chants

ÎNREGISTRĂRI AUDIO ALE LUI PARAMAHANSA YOGANANDA

Beholding the One in All

The Great Light of God

Songs of My Heart

To Make Heaven on Earth

Removing All Sorrow and Suffering

Follow the Path of Christ, Krishna, and the Masters

Awake in the Cosmic Dream

Be a Smile Millionaire

One Life Versus Reincarnation

In the Glory of the Spirit

Self-Realization: The Inner and the Outer Path

ALTE PUBLICAȚII ALE SELF-REALIZATION FELLOWSHIP

Un catalog complet al tuturor publicațiilor și înregistrărilor audio/video, inclusiv înregistrări rare de arhivă cu Paramahansa Yogananda, este disponibil la cerere sau pe Internet la
www.srfbooks.org

The Holy Science
Swami Sri Yukteswar

Only Love:
Living the Spiritual Life in a Changing World
Sri Daya Mata

Finding the Joy Within You:
Personal Counsel for God-Centered Living
Sri Daya Mata

Intuition:
Soul Guidance for Life's Decisions
Sri Daya Mata

The Guru-Disciple Relationship
Sri Mrinalini Mata

God Alone:
The Life and Letters of a Saint
Sri Gyanamata

Mejda:
The Family and the Early Life of Paramahansa Yogananda
Sananda Lal Ghosh

Self-Realization
(revistă fondată de Paramahansa Yogananda în 1925)

DVD (DOCUMENTAR)

AWAKE: The Life of Yogananda
Un film produs de CounterPoint Films

Material introductiv
GRATUIT

Tehnicile științifice de meditație, așa cum au fost ele predate de către Paramahansa Yogananda, inclusiv Kriya Yoga – precum și indicațiile sale cu privire la toate aspectele unei vieți spirituale echilibrate – sunt prezentate în *Lecțiile Self-Realization Fellowship*. Vă rugăm să vizitați www.srflessons.org pentru a cere informații suplimentare despre Lecții.

Self-Realization Fellowship
3880 San Rafael Avenue
Los Angeles, California 90065-3219
Telefon: 001-323-225-2471 • Fax: 001-323-225-5088
www.yogananda.org

De asemenea publicată de Self-Realization Fellowship...

AUTOBIOGRAFIA UNUI YOGHIN
de Paramahansa Yogananda

Această elogiată autobiografie prezintă portretul fascinant al uneia dintre cele mai mari figuri spirituale ale timpurilor noastre. Cu o antrenantă candoare, elocvență și umor, Paramahansa Yogananda deapănă inspiranta cronică a vieții sale — experiențele copilăriei sale remarcabile, întâlnirile cu numeroși sfinți și înțelepți din vremea căutărilor sale timpurii (întru găsirea unui învățător iluminat spiritual) prin toată India, cei zece ani de pregătire în ashramul unui venerat maestru yoghin și cei treizeci de ani trăiți predând în America. În carte sunt consemnate și întâlnirile sale cu Mahatma Gandhi, Rabindranath Tagore, Luther Burbank, purtătoarea catolică de stigmate Therese Neumann și alte personalități spirituale marcante din Orient și Occident.

Autobiografia unui Yoghin este în același timp o superb relatată istorisire a unei vieți de excepție, precum și o profundă introducere în știința străveche yoga, cu venerabila și prețuita ei tradiție a meditației. Autorul explică în mod limpede legile subtile dar precise care guvernează atât evenimentele obișnuite ale vieții de zi cu zi, cât și evenimentele extraordinare, așa-numitele miracole. Povestea captivantă a vieții sale devine astfel decorul unei examinări adânci și de neuitat a celor mai profunde mistere ale existenței umane.

Considerată o scriere emblematică a literaturii spirituale moderne, cartea a fost tradusă în peste cincizeci de limbi și este utilizată pe scară largă ca manual și material de referință în colegii și universități. Beneficiară a unui succes comercial peren de la prima sa apariție cu mai bine de șaptezeci de ani în urmă, *Autobiografia unui Yoghin* și-a croit drumul spre inimile a milioane de cititori din întreaga lume.

„O relatare rar întâlnită." - ***The New York Times***

„O lucrare fascinantă, cu trimiteri și referințe edificatoare."
– Newsweek

„Nu a mai existat niciodată ceva comparabil acestei prezentări de Yoga, în engleză sau orice altă limbă europeană."

*– **Columbia University Press***

www.ingramcontent.com/pod-product-compliance
Lightning Source LLC
Chambersburg PA
CBHW031433040426
42444CB00006B/783